SOUL OF
LOS ANGELES

GUIDA ALLE 30 MIGLIORI ESPERIENZE

SCRITTO DA EMILIEN CRESPO
FOTO DI PIA RIVEROLA
ILLUSTRATO DA CLARA MARI

EDIZIONI JONGLEZ

guide di viaggio

«LE PERSONE CHE CRITICANO L.A.
SONO SPESSO QUELLE
CHE HANNO PAURA DELL'IGNOTO.
SONO SOLO TROPPO
ABITUATE ALLE CITTÀ
FACILI DOVE LA BELLEZZA
È SEMPRE A PORTATA
DI MANO.»

MOBY

IN QUESTA GUIDA
NON TROVERETE

- informazioni sul tempo
  (320 giorni di sole all'anno ... Non vi bastano?)
- suggerimenti per non fare code troppo lunghe a Disneyland
  (avviso: costa un occhio)
- una pianta dei trasporti pubblici
  (che comunque è quasi inesistente)

IN QUESTA GUIDA
TROVERETE

- il più antico cocktail di Hollywood
- il modo migliore per ordinare un hamburger
- istruzioni per l'uso di una spa coreana fuori dal comune
- il mercato degli chef
- un museo segreto a Holmby Hills
- il cinema dove guardare i film della collezione personale
  di Tarantino
- l'ultima villa californiana
- un giardino sospeso

Los Angeles è vittima di molti cliché. Innumerevoli visitatori si accontentano di attrazioni turistiche come la Hollywood Walk of Fame e il Venice Boardwalk. Lontani dalle meraviglie sperate, saranno delusi dalle strade sporche, dal numero irritante di curiosi e dalle costose attrazioni. Aggiungete a ciò le lunghe distanze e gli ingorghi, e penseranno di aver fatto un grosso errore nell'intraprendere questo viaggio. Ma per voi sarà diverso. Aprendo questo libro, avete già dimostrato di avere un'altra mentalità per comprendere la città. A Los Angeles bisogna adottare la mentalità dell'esploratore per sfruttare appieno questa vasta giungla urbana.

Quando pianificherete il vostro soggiorno, vi consigliamo di attenervi a una zona al giorno. Con i suoi quasi 20 milioni di abitanti, la città è gigantesca. Abbiamo raccolto delle perle per quasi dieci anni: ecco una raccolta di esperienze che ci ha permesso di avvicinarci all'anima di Los Angeles.

Siamo felici di condividerle con voi.

Emilien Crespo, autore

Emilien Crespo

Quando ci si è posti la domanda di chi sarebbe stato l'autore dell'opera "Los Angeles" per la collana "Soul of", non c'è stato alcun dubbio: Emilien Crespo o non avremmo pubblicato questa guida.

Emilien è uno di quei rari personaggi folli, vibranti ed eccessivi come L.A.

All'epoca in cui l'ho incontrato, lavorava per Apple, scriveva contemporaneamente per riviste come "Purple" e "Apartamento", organizzava le cene più popolari di Los Angeles (la celebre "Suicide Sommelier Series") partecipava la sera a dibattiti di architettura e soprattutto aveva provato tutti, assolutamente tutti i ristoranti della città, dalle piccole pasticcerie nel quartiere di El Sereno al più grande ristorante di West Hollywood.

Grazie Emilien per aver condiviso con noi la tua Los Angeles segreta ... E grazie alle tue due accolite, Pia e Clara, per aver catturato l'anima della città attraverso le foto e i disegni.

Fany Péchiodat

I SIMBOLI DI
"SOUL OF LOS ANGELES"

Gratuito

Da 0 a 20 $

dai 20 $ in su

Primo arrivato,
primo servito

Prenotare
in anticipo

100% L.A.

30 ESPERIENZE

CONCEDERSI UN PRANZO
POST-MODERNO

Vespertine è sicuramente il ristorante di Los Angeles "che fa più parlare di sé negli Stati Uniti", ma a $ 330 a persona (vino escluso), sarete perdonati se non ci andrete.

Per coloro che vogliono comunque assaggiare la superba cucina del suo chef Jordan Kahn, ha aperto proprio di fronte un piccolo gioiello molto più conveniente: il Destroyer.

Aperto solo a colazione e a pranzo, il Destroyer offre piatti tanto buoni quanto belli in ceramiche fatte a mano.

 DESTROYER
3578 HAYDEN AVE, CULVER CITY,
LOS ANGELES, CA 90232

| LUN - VEN: 08:00 / 17:00 | Senza prenotazione | destroyer.la |
| SAB - DOM: 09:00 / 15:00 | +1 (310) 360-3860 | |

IL MUSEO PIÙ PAZZO
DI L.A.

La Weisman Art Foundation è uno dei segreti meglio custoditi della città. Anche gli abitanti del quartiere non sono a conoscenza dell'esistenza di questo museo dove troviamo tutti i grandi nomi del XX secolo (Picasso, Bacon, Hockney, Magritte, Kooning, Rothko, Warhol, Stella ...).

Nato nel Minnesota, Frederick Weisman è cresciuto a Los Angeles. Questo imprenditore divenne un collezionista d'arte a metà degli anni '50 con sua moglie, Marcia Simon Weisman. In seguito sposò Billie Milam, ex curatrice del LACMA e del Getty Museum. Insieme hanno accumulato una delle migliori collezioni del dopoguerra negli Stati Uniti.

Il must di questa fondazione? La disposizione degli spazi, piacevolmente differente dall'austerità dei musei classici. Ammiriamo le opere come erano allora, come se fossimo stati invitati a casa Weisman negli anni '80.

È richiesta la prenotazione.

 **FREDERICK R. WEISMAN ART FOUNDATION**

| LUN-VEN: visite guidate gratuite Indirizzo indicato Al momento della prenotazione (Holmby Hills) | Prenotazione obbligatoria per telefono o e-mail: tours@weismanfoundation.org +1 (310) 277-5321 | |

LA CORSA
CHE SFONDA
SU INSTAGRAM

La natura che circonda Los Angeles è incredibile, e ce n'è per tutti i gusti, dall'oceano al deserto fino alle colline intorno a Malibu e Hollywood. Queste colline sono piene di sentieri (scaricate l'app All-Trails per trovarli) ma il più L.A. di tutti è il Runyon Canyon.

La storia non dice se deve la sua popolarità alla posizione centrale, non lontano da Hollywood, che offre agli attori in erba l'opportunità di sgrossarsi, o al fenomenale panorama sulla città, o ancora alle aree in cui i cani sono accettati. O forse a tutto questo insieme.

Una volta lanciati, non stupitevi se il sentiero sembra una sfilata di moda. Delle "influencer" truccate, che indossano abbigliamento sportivo costoso, condividono la corsa sia con le persone a passeggio che con i loro fan. Per alcuni "escursionisti", il selfie è più importante dell'allenamento.

 RUNYON CANYON PARK
2000 N. FULLER AVE,
LOS ANGELES, CA 90046

TUTTI I GIORNI : dall'alba al crepuscolo

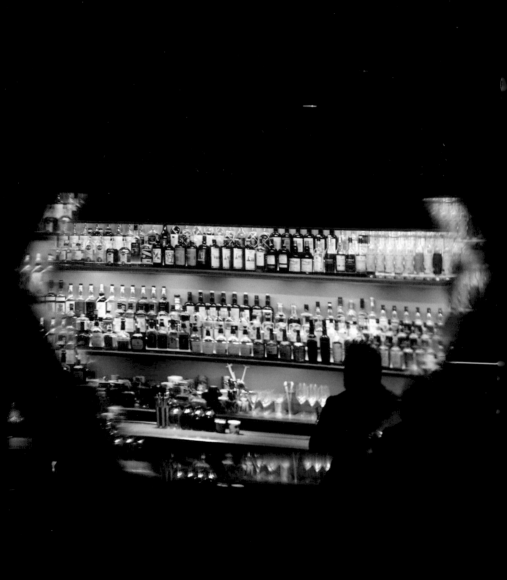

ASSAPORARE
UNA SELEZIONE
DI LIQUORI RARI

Old Lightning è uno *speakeasy* bar un po' fuori mano: oltre all'ingresso segreto, è un luogo da vedere perché viene servita una collezione fenomenale di oltre 1.000 liquori rari. È anche vietato tenere il telefono per immortalare il luogo: per preservare la magia della scoperta, viene confiscato all'ingresso. Non c'è niente come vivere un po' di più il momento e dimenticare il post Instagram che farà impallidire d'invidia i cosiddetti amici.

Questo bar è il sogno di due baristi, Steve Livigni e Pablo Moix, che per decenni hanno scovato vecchie bottiglie alle aste, in vecchi negozi di periferia o in bar in chiusura per fallimento. Poi hanno pensato a ogni dettaglio, hanno disegnato la carta da parati e hanno accuratamente selezionato la collezione di poster vintage prima di aprire questo piccolo gioiello.

Ora fanno anche distillare i loro liquori.

 OLD LIGHTNING

| LUN - VEN: 19:00 / 02:00 | Email: info@oldlightning.com per prenotazione (obbligatoria) e indirizzo (Venice Beach) | |

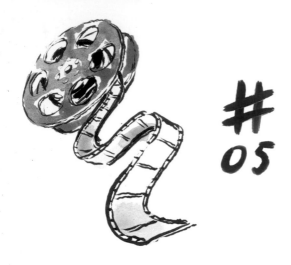

GUARDARE LA COLLEZIONE
DI FILM
DI TARANTINO

Prima di diventare famoso, Tarantino era un semplice impiegato di un video club. Cinefilo compulsivo, ha accumulato nel tempo una delle più grandi collezioni di film al mondo.

Ma Tarantino ha un'altra peculiarità: odiando le proiezioni digitali che, per lui, firmano la "morte del cinema", ha salvato l'ultima sala di L.A. che propone proiezioni di film in 35 mm, alla vecchia maniera.

Ora proprietario del New Beverly Cinema, mette la sua collezione a disposizione del pubblico. Ci si possono a vedere film di ogni tipo (spaghetti western, blaxploitation, film noir, commedie classiche), così come i suoi film, proiettati il venerdì a mezzanotte.

I biglietti sono quasi regalati, come ai bei vecchi tempi, con la doppia sessione al prezzo di una (due film scelti per essere proiettati di seguito).

NEW BEVERLY CINEMA
 7165 BEVERLY BLVD,
LOS ANGELES, CA 90036

+1 (323) 938-4038

S.v. online la programmazione
e le modalità di acquisto dei biglietti:
thenewbev.com

Enjoy Coca-Cola

GEN ADMISSION
$10.00
SENIOR CHILD
$6.00
MIDNIGHT
$10.00
MATINEE
$6.00

The New Beverly Cinema box office opens at least 30 min. before showtime

If you purchased advance tickets online, please have your ID out

The shows will begin at the scheduled showtime, but each screening starts with a pre-show featuring cartoons, shorts and vintage trailers!

FARE UN PICNIC
CON LA MUSICA
SOTTO LE STELLE

Se dovesse rimanere solo una sala da concerto, sarebbe questa. Costruito su una collina su Hollywood Hills, questo anfiteatro a cielo aperto è accessibile solo durante i mesi estivi. Indipendentemente dai vostri gusti musicali, dal classico al pop, la magia non potrà mancare quando vedrete suonare qui il vostro artista o gruppo preferito, in mezzo alle colline, sotto le stelle.

L'esperienza è tanto più squisita in quanto i visitatori sono incoraggiati a portare il loro picnic. Si consiglia di arrivare presto per mangiare durante la prima parte e finire prima che inizi l'artista principale.

Il luogo riunisce famiglie, fidanzati e amici di ogni ceto sociale. Se ne uscite delusi, non possiamo fare nulla per voi.

 HOLLYWOOD BOWL
2301 N HIGHLAND AVE,
LOS ANGELES, CA 90068

Concerti quasi tutti i giorni in primavera e in estate

S.v. online orari e prenotazioni: hollywoodbowl.com

UN SALTO DA
UN ANTIQUARIO
COMPULSIVO

Creato 40 anni fa da Joel Chen, figlio di un gioielliere cinese con sede a L.A., JF Chen è oggi uno dei più grandi negozi di antiquariato del mondo e un paradiso per il design di qualità.

In tre enormi showroom su svariati piani, ci sono più di 50.000 oggetti, che vanno dai rarissimi oggetti d'antiquariato cinesi ai mobili contemporanei: Prouvé, Sottsass, Kjaerholm o ancora Judd.

Chen è imbattibile nelle creazioni degli Eames, divenuti celebri per le poltrone e l'estetica industriale.

 JF CHEN
1000 N HIGHLAND AVE,
LOS ANGELES, CA 90038

LUN - VEN: 10:00 / 17:00	Solo su appuntamento: +1 (323) 463-4603	

– JOEL CHEN –

Fondatore di JF Chen, Joel Chen è uno dei più grandi antiquari al mondo, nonché esperto di design firmato Eames.

Come è diventato un antiquario?
Sono nato in Inghilterra, ma i miei genitori sono emigrati a Los Angeles negli anni '70. Ho lavorato per mio padre che gestiva una gioielleria nel centro di Los Angeles. La odiavo. Era un'attività tremenda. Quando avevo vent'anni, passai davanti a un negozio con bellissimi oggetti cinesi d'antiquariato in Melrose Avenue. Suonai, suonai, ma nessuno voleva aprirmi. Dopo un po', l'addetto all'accoglienza mi disse che non «vendevano a privati». Mi fece arrabbiare perché aveva tutta l'aria di un'osservazione razzista dovuta al fatto che sono asiatico. Dissi a mio padre che avrei aperto un negozio di antiquariato, tutto a causa di questo ragazzo che non voleva farmi entrare. Presi in prestito $ 6.000 dalla banca, con mio padre come garante, andai a Hong Kong e tornai con un container di oggetti orribili: all'epoca non ne sapevo nulla! Iniziai a venderli, poi feci arrivare altri container. All'epoca non esisteva Internet e, dopo la caduta del muro di Berlino, partii per l'Europa per trovare altre antichità.

Come è arrivato al design californiano?
Quando ho iniziato, la California aveva la reputazione di essere una vera discarica. Le cose sono cam-

Alcune persone si sentono sopraffatte quando entrano

biate e molti musei come The Broad hanno aperto le loro porte. C'è voluto molto tempo. Ho fatto una mostra su Ettore Sottsass, poi su Charles e Ray Eames. Ultimamente, ho anche fatto una mostra di mobili con marchio Daft Punk.

Ci parli degli Eames, designer californiani che hanno influenzato il mondo. Vediamo le loro poltrone ovunque, da Città del Messico a Tokyo ...

Avevano un grande ideale: creare mobili a prezzi accessibili. All'epoca, le loro sedie costavano $ 40. Ho venduto una poltrona della loro prima edizione a $ 40.000, altre a $ 15.000. È ancora possibile trovare degli originali per poche centinaia di dollari.

Come risponde il pubblico entrando?

Alcune persone si sentono sopraffatte: abbiamo oltre 50.000 oggetti. A volte sono troppi stimoli e capita persino che i clienti siano costretti a uscire!

Qual è il modo migliore per lanciare una collezione di mobili / design?

Prima si doveva viaggiare. Ora, grazie a Internet, tutto è cambiato, non abbiamo più bisogno di prendere l'aereo. Ci sono aste in continuazione, fino a sei al giorno! Date un'occhiata, provate ad afferrare quello che vi piace. Dimenticate Jean Prouvé, Charlotte Perriand, non andate in quella direzione. Individuate i talenti emergenti o i talenti "addormentati" di tutto il mondo, quelli che restano abbordabili e iniziate! Al momento, è il design degli anni '50 che sfonda. Anche la tradizione è tornata con pezzi d'antiquariato Luigi XV e Luigi XVI particolarmente eleganti.

IL RISTORANTE – PANETTERIA-CAFFETTERIA
CHE FA VENIRE VOGLIA DI STABILIRSI A VENICE BEACH

Il ristorante Gjusta non dorme mai. Di notte, ci sono centinaia di pagnotte di pane e durante il giorno vengono servite colazioni, pranzi e cene tra i migliori della città.

Grazie ai suoi 130 dipendenti, tutto è fatto in casa: pane, dolci, dessert, insalate, colazioni, pizze, panini, pasta, succo di frutta, caffè ...

Piuttosto, venite lontani dalle ore di punta per evitare il prezzo della gloria: una folla sempre più numerosa man mano che il luogo è diventato noto.

 GJUSTA
320 SUNSET AVE,
VENICE, CA 90291

| OGNI GIORNO: 7:00 / 22:00 | Senza prenotazione
+1 (310) 314-0320 | gjusta.com |

L'ULTIMA
VILLA CALIFORNIANA

Eccola, l'ultima casa, quella che ha dato al mondo intero il desiderio di acquistare una villa con piscina sulle alture di Los Angeles. Il fotografo della casa, Julius Shulman, è stato sicuramente il primo a essere sorpreso dall'influenza dei suoi cliché sul design moderno.

In realtà, Villa Stahl è più piccola di quanto sembri nelle foto. Ma questa casa immaginata da Pierre Koenig rimane meravigliosamente fotogenica, sessant'anni dopo la sua costruzione. È nata per una famiglia di «amanti dello champagne, ma con un budget da birra», realizzata con materiali dell'epoca a prezzi accessibili.

Per visitarla durante il giorno o meglio ancora, all'ora del tramonto, prenotate con alcune settimane di anticipo.

STAHL HOUSE
CASE STUDY HOUSE #22

| Visita pomeridiana e serale | Prenotazione obbligatoria con pagamento online: stahlhouse.com | Indirizzo fornito al momento della prenotazione (West Hollywood) |

L'ARCHITETTURA
MITICA DI L.A.

WALT DISNEY HALL

FRANK GEHRY - 2003

ENNIS HOUSE

FRANK LLOYD WRIGHT - 1924

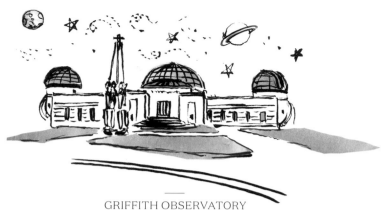

GRIFFITH OBSERVATORY

JOHN C. AUSTIN - 1935

SHEATS GOLDSTEIN RESIDENCE

JOHN LAUTNER - 1963

RANDY'S DONUTS

HENRY J. GOODWIN - 1953

IL GIARDINO SEGRETO
DI ELVIS E
GEORGE HARRISON

Per sfuggire al trambusto della città e ritrovarsi con se stessi (a volte fa bene!) il Self-realization Fellowship Lake Shrine Temple è un luogo eccezionale.

È stato creato dallo yogi Paramahansa Yogananda a cui l'Occidente deve la meditazione e lo yoga e di cui Steve Jobs è stato uno dei più ferventi discepoli.

Si cammina in un bellissimo giardino sul bordo di un lago popolato da animali (cigni, anatre, carpe, tartarughe) prima di arrivare al tempio Mahatma Gandhi World Peace Memorial, dove parte delle ceneri di Gandhi riposa in un sarcofago cinese in pietra millenaria.

Elvis Presley era un frequentatore abituale di questo posto e George Harrison e Tom Petty lo adoravano così tanto che lo hanno scelto per il loro funerale, a distanza di 16 anni.

SELF-REALIZATION FELLOWSHIP LAKE SHRINE TEMPLE
📍 **17190 SUNSET BLVD,**
PACIFIC PALISADES, CA 90272

MAR – SAB: 09:00 / 16:30 DOM: 12:00 / 16:30	+1 (310) 454-4114	lakeshrine.org

ASSAPORARE IL PIÙ ANTICO
MARTINI DI HOLLYWOOD

Durante il loro primo viaggio a Los Angeles, i turisti si dirigono spesso verso l'Hollywood Boulevard. Lontani dal glamour e dallo sfarzo, troveranno strade sporche, trappole per turisti e catene di negozi asettici.

In mezzo a questo caos, il più antico ristorante di Hollywood è come un piccolo miracolo. Dal 1919, Musso e Frank sono al servizio dei più grandi artisti e hanno visto sfilare scrittori come Bukowski e Fitzgerald, o clienti tanto famosi che ormai non servono i loro cognomi per nominarli (Mick, Keith, Marylin, Johnny o Leo …). I box e i pannelli di questo ristorante su più piani riportano a un'epoca passata.

Ai camerieri con la giacca rossa, che sono lì da decenni, si ordinerà un Martini ben confezionato, servito con un «sidecar» (una piccola brocca per allungare il drink). Di che rendere Hollywood un po' più sopportabile.

 MUSSO & FRANK GRILL
6667 HOLLYWOOD BLVD,
LOS ANGELES, CA 90028

MAR-SAB : 11:00 / 23:00   +1 (323) 467-7788   mussoandfrank.com
DOM : 16:00 / 21:00

IL RISTORANTE
CHE HA INVENTATO
UN PIATTO COPIATO
OVUNQUE - ANCHE IN CINA

È nel quartiere cinese dell'Estremo Oriente, nella San Gabriel Valley, che si trova uno dei nostri ristoranti preferiti di Los Angeles. La cucina del Sichuan può essere speziata quanto vuole, ma non assomiglia ai suoi cugini tailandesi o messicani. Anestetizza momentaneamente più di quanto bruci e, soprattutto, dà assuefazione. Inoltre, è a questo ristorante che dobbiamo la moda dei piatti speziati del Sichuan a Los Angeles. È sempre qui che è stato inventato un piatto ormai copiato ovunque (anche in Cina!): agnello su spiedini di stuzzicadenti (*toothpick lamb*). Da provare assolutamente. Consigliamo anche il pesce in brodo. Secondo il compianto Jonathan Gold, immenso critico culinario: «I sapori palpitano intorno alle labbra e alla lingua e ricordano lo strano bagliore tremolante di un'insegna luminosa di Las Vegas». Qui, niente prenotazione e l'attesa può essere scoraggiante. La strategia migliore è ancora quella di venire durante la settimana, poco prima della chiusura. Prenderete due piccioni con una fava, con qualche ingorgo in meno sulla strada per arrivare.

 CHENGDU TASTE
828 W VALLEY BLVD,
ALHAMBRA, CA 91803

| LUN - VEN : 11:00 / 15:00 e 17:00 / 22:00 | Senza prenotazione | **PAGAMENTO SOLO IN** |
| SAB - DOM : 11:00 / 22:00 | + 1 (626) 588-2284 | **CONTANTI** |

JUMBO'S CLOWN ROOM
5153 HOLLYWOOD BLVD,
LOS ANGELES, CA 90027

TUTTI I GIORNI: 19:30 / 02:00 | +1 (323) 666-1187

IL LOCALE DI POLE DANCE
DOVE COURTNEY E KURT SI SONO INCONTRATI

A Los Angeles, dove è difficile dissociare Hollywood e il rock 'n'roll, la Jumbo's Clown Room è l'incarnazione degli stretti legami tra questi due mondi. La «clown room» in questione è un ritrovo di musicisti leggendari, un piccolo bar con ballerine di pole dance che si dimenano lascivamente al ritmo di musica rock e indie dei Radiohead, Queens of the Stone Age e Led Zeppelin. Nonostante le apparenze, non si vedono ragazze nude: non è quello che fanno qui.

Si dice che fu qui che Courtney Love, allora ballerina, incontrò Kurt Cobain, cliente di una sera.

IL NEGOZIO
PER GLI APPASSIONATI DI CINEMA

L'industria cinematografica è stata la seconda corsa all'oro in California e rimane un motore di crescita fenomenale a Los Angeles. Per i fan, la minuscola libreria Larry Edmunds Bookshop nasconde una meravigliosa selezione di vecchi poster, foto, sceneggiature e libri, tutti a proposito di Hollywood. Inaugurato nel 1938, offre oggi 20.000 libri e quasi 500.000 foto.

A seconda dei titoli sugli scaffali, si potrà cogliere l'occasione per perfezionare la propria cultura cinematografica o per incontrare attori e sceneggiatori durante conferenze e sessioni di *firmalibri* che vi si svolgono.

 LARRY EDMUNDS BOOKSHOP
6644 HOLLYWOOD BLVD,
LOS ANGELES, CA 90028

| LUN - VEN: 10:00 / 17:30
SAB: 10:00 / 18:00
DOM: 12:00 / 17:30 | +1 (323) 463-3273 | larryedmunds.com |

PASSEGGIARE IN
UN GIARDINO MOZZAFIATO

Proprietario di una delle più grandi fortune della sua epoca, Henry E. Hunterington contribuì allo sviluppo della California grazie alla ferrovia.

A Pasadena, si può visitare la sua splendida villa, ma anche e soprattutto i suoi sublimi giardini: giacché occupano 49 ettari in totale, il giardino botanico, il giardino cinese, il giardino del deserto, il giardino giapponese e la sua superba collezione di bonsai, il roseto, il giardino aromatico e il giardino rinascimentale sono quasi impossibili da visitare in un giorno.

Da non perdere la collezione d'arte di Huntington, sparsa negli edifici in mezzo ai giardini, con bellissimi ritratti inglesi del XVIII secolo, opere americane ed europee, lettere, manoscritti e preziosi testi scientifici.

 THE HUNTINGTON LIBRARY, ART COLLECTIONS, AND BOTANICAL GARDENS
1151 OXFORD RD, SAN MARINO, CA 91108

| MER - LUN: 10:00 / 17:00 | +1 (626) 405-2100 | huntington.org |

MANGIARE UN HAMBURGER
IN STILE CALIFORNIANO

Nonostante la sua reputazione di capitale dell'alimentazione sana, è a Los Angeles che è nata la cultura del fast-food. Non c'è da stupirsi quando sappiamo quanto questa megalopoli sia ossessionata dalla macchina. Se la colpa è della globalizzazione dei fast food di McDonald, è stata la catena In-N-Out Burger a conquistare i cuori e le menti degli abitanti, dei critici gastronomici e degli chef di L.A.

A differenza di McDonald's, famoso per i suoi franchising, In-N-Out Burger possiede tutti i suoi ristoranti. Qui non si fanno compromessi sulla qualità: la carne, per esempio, non viene mai congelata.

In qualsiasi momento del giorno o della notte, le auto fanno la fila al drive-in, anche quando i locali vicini sono vuoti.

Per non essere considerati degli ignoranti in fatto di hamburger, dovrete rispettare l'arte e il modo di ordinare (s.v. pagina successiva) ...

IN-N-OUT BURGER
7009 SUNSET BLVD,
LOS ANGELES, CA 90028
(tra gli altri)

| DOM - GIO: 8:00/ 1:00 VEN - SAB 8:00 / 1:30 | Senza prenotazine | in-n-out.com |

IL MENU SEGRETO DA IN-N-OUT

In-N-Out Burger è noto per il suo breve menu senza troppi fronzoli:
hamburger, patatine fritte, bibite, *milkshake*. semplice ed efficace
Ma sarebbe crudele tenere per noi ciò che già tutti i californiani sanno: In-N-Out offre
un menu "segreto" ... disponibile online.
Ecco alcuni esempi delle opzioni "segrete" preferite dai clienti:

Double double animal style:

2 bistecche tritate, 2 fette di formaggio,
salsa animal-style (la loro
salsa speciale: maionese,
sottaceti, ketchup
e aceto) e cipolle
caramellate.

Patatine fritte animal-style:

patatine condite con
due fette di formaggio

fuso salsa animal-style e cipolle caramellate.

Neapolitan shake:

frappè al cioccolato,
alla vaniglia e alla fragola.

Formaggio grigliato:

una crocchetta di
formaggio grigliato con
due fette di formaggio
e condimenti come
maionese, pomodori, insa-
lata, anelli di peperoncino o cipolla.

Hamburger proteico:
foglie di insalata
al posto del pane.

LA SPIAGGIA SEGRETA DI MALIBU
ACCESSIBILE SOLO CON LA BASSA MAREA

Se a Malibu ci sono alcune delle spiagge più belle della zona di Los Angeles, molti dei suoi fortunati residenti sognano di vietare l'accesso ai comuni mortali.

Colony Beach è la vera culla di Malibu, dove le star hanno messo le mani su belle ville pittoresche negli anni '30 e hanno creato la «Malibu Movie Colony», una comunità privata di star e persone straricche. Questo lato di Malibu Beach è onirico e relativamente poco frequentato, e spesso si ha la piacevole sensazione di essere soli sulla sabbia.

Ma state attenti. Questa parte della spiaggia è accessibile solo con la bassa marea. Impossibile accedere o partire due ore prima dell'alta marea: controllate online gli orari delle maree di Malibu prima di andarci. Lasciate la macchina al parcheggio della Malibu Lagoon. Da lì, camminate verso la spiaggia. Una volta che le ville sono in vista, svoltate a destra sulla sabbia e camminate lungo le case: siete arrivati. Prima o dopo la nuotata, pranzate al caffè Malibu Farm Pier, un delizioso ristorante sul lungomare.

 COLONY BEACH
MALIBU LAGOON CAR PARK,
CROSS CREAK ROAD, MALIBU, CA 90265

TUTTI I GIORNI: 8:00 / CREPUSCOLO

Verificate gli orari delle maree online:
ACCESSIBILE SOLO CON LA BASSA MAREA

MERCANTEGGIARE
CON GLI CHEF LOCALI

Per capire perché gli chef di tutto il mondo sono invidiosi della California, andate a Santa Monica il mercoledì mattina: le bancarelle del mercato strabordano di frutta e verdure locali maturate al sole della SoCal.

Ci si perderà tra le file dei banchi, guidati dai colori e dai profumi, per fare la spesa. I nostri venditori preferiti: Flora Bella, Peads and Barnett, Mike and Sons Eggs, Kentor Farms, Wild Local Seafood, J.J's Lone Daughter Ranch o Harry's Berries.

Il mercato domenicale di Hollywood è quasi altrettanto ben fornito e un tantino più centrale.

 SANTA MONICA'S FARMERS MARKET
ARIZONA AVE AND 2ND STREET,
SANTA MONICA, CA 90401

MER: 8:00 / 13:00

UN SUSHI SUBLIME IN UN
POSTO SORPRENDENTE

Tra un'autostrada, un vecchio sex-shop e un laboratorio in disuso si trovano sicuramente i migliori ristoranti di sushi della città. Lo chef Shunji, che nel 1987 ha aiutato il suo collega Nobu a lanciare Matsuhisa (il primo della catena Nobu), è tornato a L.A. dopo una deviazione in Giappone per aprire il suo ristorante nel 2012. Da allora, sono piovuti premi e stelle.

Il posto sembra rilassato, ma il menu obbedisce alle rigide regole della cucina giapponese: lo chef arriva addirittura a far portare il suo pesce dal Giappone ... Quindi state attenti a non ordinare dei California rolls alla maionese o salsa di soia dolce. Non chiedete nemmeno del wasabi extra: il sushi è già condito alla perfezione. L'esperienza definitiva è semplicemente ordinare un «omakase» e affidarsi al talento dello chef.

Un piccolo extra: guardate bene la forma dell'edificio, un magnifico esempio di «architettura programmatica», vale a dire un'architettura adattata alla funzione di un luogo. Prima del sushi, c'era un locale che serviva chili con carne e l'edificio sembra proprio la tipica ciotola in cui viene servito questo piatto messicano.

 SHUNJI
12244 PICO BLVD,
LOS ANGELES, CA 90064

Pranzo: MAR - VEN: 12:00 / 14:00	Prenotazione fortemente	shunji-ns.com
Cena: MAR - GIOV: 18:00 / 22:00	consigliata	
VEN - SAB: 18:00 / 22:30	+1 (310) 826-4737	

L'HOTEL VICINO AL
VOSTRO SPOT DI SURF

Al Rose Hotel, a due passi dall'oceano, non c'è che l'imbarazzo della scelta: fare jogging lungo la spiaggia, buoni ristoranti raggiungibili a piedi, gite in bicicletta (offerte sul posto) o una piccola sessione di surf (l'hotel fornisce anche le tavole) ... Qui, si dimentica presto di essere in una megalopoli tentacolare.

L'hotel è stato creato dal fotografo di moda Glen Luchford, che ha lavorato spesso con Prada. Il suo arredamento è un vero successo, nel più puro stile minimalista-hippie-Venice Beach, con un'atmosfera allo stesso tempo chic e senza fronzoli (alcune camere condividono il bagno).

 THE ROSE HOTEL VENICE
15 ROSE AVE,
VENICE, CA 90291

+1 (310) 450-3474 | therosehotelvenice.com

HOTEL A
LOS ANGELES

—

CHATEAU MARMONT

WEST HOLLYWOOD

Camere e bungalow rock'n'roll

—

SHUTTERS ON THE BEACH

SANTA MONICA

Tutta l'eleganza della Costa Orientale, con i piedi nell'acqua

ACE HOTEL
DOWNTOWN LA
Un hotel storico di tendenza con un buon rapporto qualità-prezzo

THE HOLLYWOOD ROOSEVELT
HOLLYWOOD
Una piscina firmata Hockney e stravaganze hollywoodiane

IL JAZZ CLUB
DEI GRANDI
DELLA MUSICA

Anche se dall'esterno, non sembra un granché (è incastonato sulle alture di Los Angeles, in un mini centro commerciale in Mulholland Drive), il Vibrato Grill Jazz è stato fondato dal leggendario Herb Alpert. Trombettista e grande nome della musica, vendette più album dei Beatles nel 1966, creò l'etichetta A&M e scoprì Cat Stevens, Supertramp, The Police o The Carpenters ...

In questo locale intimo, ci sono tavoli molto piccoli e un'acustica folle: Alpert non ha badato a spese fin dalla sua apertura!

Nella sala, i residenti di Beverly Hills vengono per applaudire Alpert stesso o i suoi amici, come Seth McFarlane, creatore di Family Guy e grande fan di Sinatra, che spesso viene a suonare il repertorio del mitico crooner con la band di musicisti del tempo.

 VIBRATO GRILL JAZZ
2930 BEVERLY GLEN CIR,
LOS ANGELES, CA 90077

| MAR - DOM: 17:00 / 23:00 Concerti quasi tutte le sere | S.v. online per calendario e prenotazioni: vibratogrilljazz.com +1 (310) 474-9400 | Prenotazione per bar o tavolo, ingresso a volte a pagamento |

 # 22

LA GALLERIA DI
JAMES TURRELL

Los Angeles è piena di artisti e gallerie, ma solo una di esse è stata interamente immaginata dal leggendario James Turrell, noto per le sue eccezionali installazioni luminose e per i suoi celebri fan, quali Drake e Kanye West.

Alla galleria Kayne Griffin Corcoran, ovviamente, ammiriamo le opere di Turrell, ma anche di David Lynch, Peter Shire o ancora di Ken Price.

L'architettura della galleria è anch'essa un'opera d'arte. Da non perdere la sala riunioni, uno SkySpace immaginato da Turrell con un lucernario magico al tramonto.

 KAYNE GRIFFIN CORCORAN
1201 SOUTH LA BREA AVE,
LOS ANGELES, CA 90019

MAR - SAB: 10:00 / 18:00 | +1 (310) 586-6887 | kaynegriffincorcoran.com

IL NEGOZIO EMBLEMA
DI VENICE BEACH

Se state cercando un souvenir di Venice Beach, andate a trovare Hannah Handerson e John Moore. Oltre a essere una coppia adorabile, gestiscono il General Store di Venice, un vero inno al talento dei designer californiani.

In questo negozio, creato nel 2012, troverete una selezione eterogenea di bei libri, ceramiche, jeans, abiti, gioielli, riviste, libri antichi, poster, ecc., La maggior parte realizzati localmente e ovviamente scelti con estrema cura.

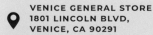

📍 **VENICE GENERAL STORE
1801 LINCOLN BLVD,
VENICE, CA 90291**

LUN - SAB: 11:00 / 19:00 DOM: 12: 00 /18:00	+1 (310) 751-6393	shop-generalstore.com

IL *FOOD TRUCK* PREFERITO
DA JONATHAN GOLD

Chi dice scena culinaria di Los Angeles, dice Jonathan Gold, il primo critico culinario della storia ad aver vinto un premio Pulitzer. «City of Gold», un documentario realizzato poco prima della sua morte nel 2018, ripercorre la vita e il lavoro del critico alla luce di questa città che amava così tanto.

Gold aveva una particolare predilezione per i piccoli ristoranti nascosti e per quella che chiamava la cucina "sincera" degli immigrati che cercano di trovare un posto nel grande mosaico culturale di L.A.

Per assaporare dei buoni taco, andò verso Mariscos Jalisco. L.A. è davvero molto vicina al Messico e nelle cucine dei ristoranti, la maggior parte del personale è messicana: la specialità della città, ovviamente sono i taco.

Buone notizie: anche voi potrete assaggiarli! Andate quindi in un posto improbabile, a est di Downtown, in un quartiere residenziale dove lo chef Raul Ortega, un grande amante dei frutti di mare freschi, parcheggia il suo *food truck* dagli anni '80. La sua specialità: i favolosi *tacos dorados de camaron*, taco croccanti di gamberi, conditi con avocado e salsa.

 MARISCOS JALISCO
3040 E OLYMPIC BLVD,
LOS ANGELES, CA 90023

TUTTI I GIORNI: 9:00/ 18:00	+1 (323) 528-6701	PAGAMENTO SOLO IN CONTANTI

Jonathan Gold

Jonathan Gold ha ricevuto il prestigioso premio Pulitzer per le sue critiche gastronomiche che hanno coperto la scena culinaria di Los Angeles su giornali come il *Los Angeles Times* e il *LA Weekly*. Questa intervista è stata realizzata poco prima della sua morte nel 2018.

Sembrerebbe che lei ami i ristoranti stranieri, abbordabili e leggermente eccentrici, spesso in piccoli centri commerciali?

Sì. Ciò che rende l'essenza di Los Angeles, e che non esiste altrove, è l'assenza di una vera barriera tra la cucina gastronomica e la cucina popolare. È l'esistenza di posti come Guerrilla Tacos, per esempio. Lo chef, Wes Avila, ha imparato dai più grandi: è stato allievo di Alain Ducasse. Ha lavorato in ristoranti di lusso prima di restituire il grembiule e fare quello che voleva. Sa dove trovare i migliori frutti di mare, le verdure migliori e la carne migliore, lavora con i fornitori più ricercati. Ma invece di offrire questi ingredienti in un menu gourmet da $ 150, guadagna $ 7 a taco. E le persone si lamentano. «Cosa, $ 7 solo per un taco?». E avrei voglia di dire loro che non capiscono niente. [Ride]

Pensa che in questo momento, Los Angeles sia una delle città più interessanti al mondo per la gastronomia?

Non abbiamo tanti ristoranti esclusivi come ce ne sono a New York, Parigi o Copenaghen. Ma se devo scegliere, è a Los Angeles che preferisco mangiare.

Quali pensa che siano le specialità di Los Angeles?

Difficile rispondere. Un taco coreano? Dei toast all'avocado? Rida pure ma sono ovunque.

Se devo scegliere, è a Los Angeles che preferisco mangiare.

è così. E ormai hanno invaso il mondo. Ma i nostri avocado sono i migliori e il nostro pane è incredibile. Altrimenti, penso a un piatto del Sichuan, «spiedini di agnello su stecchini» (Toothpick Lamb). Non proviene davvero dal Sichuan, ovviamente; è stato inventato a Los Angeles. È un buon agnellino a fette speziato con cumino. Viene servito infilzato su stuzzicadenti, da mangiare con le dita.

È stato inventato qui, da Chengdu Taste, vero?
Esatto.

Infine, a parte mangiare, cosa le piace a Los Angeles?
Adoro le persone e il loro gusto di vivere, ovviamente. Adoro il fatto che dal mio quartiere, sono a soli 10 minuti di macchina da un parco naturale con montagne, ruscelli, foreste ... inaspettatamente così vicino a una grande città. E se mi è permesso un po' di sentimentalismo ... per me, a Los Angeles, possiamo davvero essere ciò che vogliamo. Possiamo venire da qualsiasi luogo, crearci un'identità e reinventarci. Allo stesso modo, basta passeggiare per quartieri come Beverly Hills o Pasadena per trovare un laboratorio artigianale ispirato al Giappone feudale, una *hacienda* spagnola, una villa italiana o una dimora Tudor. Nello stesso quartiere, c'è l'architettura di dieci culture diverse e tutte sembrano perfettamente al loro posto.

LA SPA COREANA
APERTA H24

Dopo Seoul, Los Angeles è la città con il maggior numero di coreani: la guerra di Corea ha spinto molti di loro a stabilirsi lì. A Koreatown, insegne, nomi di strade e pubblicità sono scritti solo in coreano.

Nel mezzo di tutto ciò, la Wi Spa è uno spazio gigantesco su 5 piani, con una palestra, un solarium, un piano per gli uomini, uno per le donne (ognuno con le proprie saune, bagni e aree relax) e un piano misto (con altre saune, un ristorante e delle stuoie per fare un pisolino). Qui, dimentichiamo l'ora e il traffico sulle autostrade: un vero lusso per L.A.

WI SPA
2700 WILSHIRE BLVD,
LOS ANGELES, CA 90057

| Aperto: 24 / 24 | +1 (213) 487-2700 | wispausa.com |

WI SPA,
ISTRUZIONI
PER L'USO

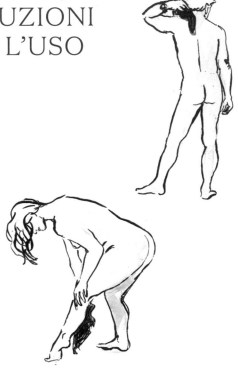

All'arrivo, il personale cortese
consegna un asciugamano,
un'uniforme e una chiave
magnetica per l'armadietto,
da tenere al polso.

Spogliatevi (... completamente,
dato che quelle coreane sono
terme nudiste) nello spogliatoio.

Per andare al piano misto,
si deve indossare l'uniforme obbligatoria
fornita (pantaloncini e maglietta).
Si potrà approfittare di un ristorante aperto
24 ore al giorno, altre saune, aree relax,
computer e libri.

Uomini e donne hanno ognuno il proprio piano
con bagni, docce, saune e area relax.

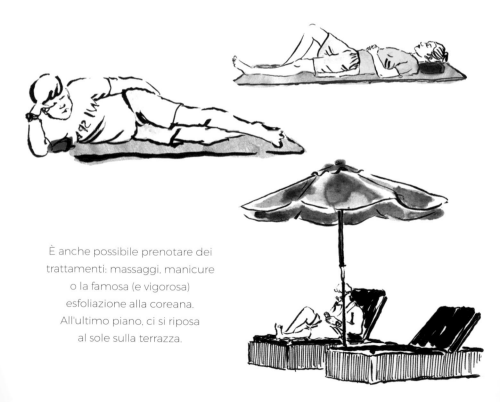

È anche possibile prenotare dei
trattamenti: massaggi, manicure
o la famosa (e vigorosa)
esfoliazione alla coreana.
All'ultimo piano, ci si riposa
al sole sulla terrazza.

LA STAR
DEGLI EDIFICI

Se avete visto «Blade Runner» e «The Artist», il Bradbury Building probabilmente vi dirà qualcosa. Vera star a sé stante, è anche uno degli edifici più antichi di Los Angeles.

Fu costruito nel 1893 dal giovane architetto George Wyman, grande appassionato di fantascienza, che prese l'ispirazione da un romanzo che descriveva spazi di lavoro organizzati in cortili interni di cristallo.

Secondo la leggenda, fu solo dopo un messaggio di fuoco che suo fratello ricevette durante una sessione di spiritismo che Wyman avrebbe accettato il progetto. «Accetta il progetto Bradbury. Ti renderà famoso.»

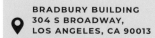

BRADBURY BUILDING
304 S BROADWAY,
LOS ANGELES, CA 90013

LUN - VEN: 9:00/ 18:00
SAB - DOM: 10:00 / 17:00

IL BRUNCH CALIFORNIANO CON
UNA MARMELLATA COME SOUVENIR

Una buona marmellata è un balsamo per il cuore. Ammorbidisce il rigore dell'inverno, quando il dolce sapore dei frutti ricorda che un giorno il sole tornerà. È esattamente da questa idea che sono nate le marmellate di Sqirl, con la chef Jessica Koslow in cucina e il designer Scott Barry al confezionamento: farvi portare le loro creazioni nelle vostre valigie per ritrovare a casa il sole della California.

Ma Sqirl è anche un brunch popolare, con pasticcini che danno assuefazione, toast di ricotta fatta in casa, insalate e ciotole di verdure. Come le sue marmellate, anche il menu del ristorante offre piatti che riscaldano il cuore.

 SQIRL
720 N VIRGIL AVE #4,
LOS ANGELES, CA 90029

| LUN - VEN: 6:30/ 16:00 | Senza prenotazione | sqirlla.com |
| SAB – DOM: 8:00 / 16:00 | +1 (323) 284-8147 | |

Se la California non ha inventato il toast all'avocado, l'ha reso famoso. E quello di Sqirl's è incredibile. Non siete convinti? Basta vedere la fila quotidiana di persone in attesa per esserne persuasi. «Questo è tutto ciò che voglio mangiare» è il titolo del loro ricettario ...

– JESSICA KOSLOW –
CHEF E COFONDATRICE DI SQIRL

Come sei diventata un'esperta di marmellate?

Sono originaria di Los Angeles. A 18 anni ho fatto le valigie per fare la pasticcera ad Atlanta. Lì non c'è scelta, bisogna conservare il cibo: le stagioni sono brevi e le cose buone non durano. Sono tornata a Los Angeles a 28 anni e nel 2010 ho iniziato un'attività di produzione di marmellate con il mio compagno di

> *È una città che ama i sapori di altre parti*

allora, Scott Barry.

Qual è il frutto che ami di più della California?

Mio Dio, è una domanda difficile! Ne ho diversi. Ho sempre amato le albicocche Muscat Royal! Non vedo l'ora che sia di nuovo la stagione delle mele Gravenstein o delle prugne di Santa Rosa.

Cosa ti piace a Los Angeles?

Molte cose! Il suo dinamismo. È una città che ama i sapori di altre

parti, che siano messicani, tai-landesi o tutti insieme. È una città che accoglie a braccia aperte.

Qual è il tuo posto segreto preferito a Los Angeles?
Adoro Bonjuk. È un ristorante di Koreatown che serve lo juk (il por-ridge coreano), un piatto molto particolare. Adoro Tire Shop Taque-ria e anche Sapp Coffee Shop. Tutti i ristorantini.

Com'è la tua giornata ideale a Los Angeles?

Non ho mai un giorno per me stessa. Vorrei andare al Wi Spa, fare un po' di yoga o andare in palestra, lo adoro. Trovare una buona galle-ria. Concedermi di andare a man-giare giapponese ad Asanebo o a bere qualcosa con gli amici al bar Gold Line. La cosa più importante è passare del tempo con le persone che amo.

I PIÙ GRANDI
COMICI DI STAND UP
IN UN FAZZOLETTO

Il Largo at the Coronet è un posto notevole riservato a cui bisogna avvicinarsi con metodo: iniziare con la prenotazione online, presentarsi in anticipo per dare il nome alla porta, ritirare il biglietto e il numero del posto (prima si arriva, più il posto sarà vicino al palco), andare a mangiare un boccone altrove e finalmente ritornare per lo spettacolo alle 20:30 ...

Le migliori serate sono quelle sul tema «... and friends», dove un grande nome dello stand up invita una manciata di comici e un musicista per uno spettacolo vecchio stile, tipo music-hall. Sorprese quasi garantite.

Con meno di 300 posti, è un vero piacere vedere le stelle nascenti insieme agli attori famosi di Hollywood: Zach Galifianakis, Will Ferrell, Paul Thomas Anderson, Adam Sandler, Sacha Baron Cohen, Ellen De Generes, Jeff Goldblum, Mike Myers, Jack Black, Judd Apatow e molti altri.

 LARGO AT THE CORONET
366 N LA CIENAGA BLVD,
LOS ANGELES, CA 90048

Spettacoli quasi tutte le sere

S.v. online per calendario e prenotazioni:
largo-la.com

COMPRARE UN VESTITO E UN VINILE
USCITI NELLO STESSO ANNO

Aperto da Carmen Hawk, nota ex stilista di moda, il negozio dell'usato Avalon Vintage è oggetto di un autentico culto.

Propone abiti vintage di tutte le epoche divisi sugli stand per stile o colore, oltre a circa 6.000 vinili, che la proprietaria ha scelto con il suo compagno Rodney Klein, proveniente dal mondo della musica.

È quasi impossibile uscire a mani vuote, tanto i prezzi sono abbordabili: il quartiere di Highland Park è davvero poco frequentato e solo da poco ospita ristoranti e negozi.

 AVALON VINTAGE
106 N AVE 56,
LOS ANGELES, CA 90042

| MAR-DOM: 13:00 / 20:00 | +1 (323) 309-7717 | avalon-vintage.business.site |

ASSAPORARE AUTENTICHE SPECIALITÀ TAILANDESI CON VINI BIOLOGICI RARI

Nella sua folle giovinezza, lo chef Kris Yenbamroong ha trascorso molte serate a mangiare cibo di strada per le vie di Bangkok. A Los Angeles, il suo ristorante Night + Market Song eleva questa cucina al livello di vera arte e si prende persino il lusso di sposarla con vini biologici europei.

Il risultato? Un ristorante economico, delizioso, colorato, divertente, a volte sperimentale e rumoroso. Sapori unici abbinati a vini biologici inaspettati. Il luogo perfetto per condividere i piatti con gli amici.

Nel corso del tempo, il ristorante è diventato naturalmente il luogo di ritrovo dei vicini e degli chef. Una bella rivalsa per questo autodidatta: partito per studiare fotografia alla New York University, Yenbamroong lavorava per Richard Kern quando i suoi genitori gli chiesero di occuparsi del ristorante di famiglia sul Sunset Boulevard. Ora l'ha reso un posto unico nel suo genere.

 NIGHT + MARKET SONG
3322 SUNSET BLVD,
LOS ANGELES, CA 90026

Pranzo: LUN - VEN: 12:00 / 15:00 Cena: LUN - SAB: 17:00 / 22:30	Senza prenotazione	nightmarketsong.com

**Nella collezione «Soul Of»,
il 31° indirizzo non vi sarà mai rivelato
perché è troppo confidenziale. Sta a voi trovarlo.**

UN CLUB SEGRETO
DI MAGHI

Situato sulle alture di Hollywood, l'hotel Magic Castle è un fantastico club segreto di maghi, riservato a persone del mestiere o ai loro amici. È anche la sede dell'Accademia delle Arti Magiche.

Se volete assistere alla cena-spettacolo, prima di perdervi in un castello pieno di passaggi segreti e maghi, ma non conoscete nessun prestigiatore che potrebbe farvi entrare, c'è un trucco: prenotare una camera all'hotel del castello.

L'altro vantaggio è che non dovrete prendere l'auto dopo aver bevuto tre o quattro cocktail ...

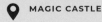 **MAGIC CASTLE**

Codice di abbigliamento ultra-rigoroso: richiesto abbigliamento da sera o professionale, contemporaneamente "tradizionale, formale ed elegante"

Invito obbligatorio

UN SINCERO RINGRAZIAMENTO A

FANY PÉCHIODAT per il suo entusiasmo contagioso e il sostegno in questo progetto (e al favoloso Fabrice Nadjari per averci presentato).

PIA RIVEROLA e CLARA MARI per le loro superbe creazioni che danno vita a tutte queste esperienze.

THOMAS JONGLEZ per questa bellissima collezione di guide di viaggio.

OLIVIER ZAHM e BRAD ELTERMAN per averci concesso il permesso di utilizzare l'intervista di Jonathan Gold realizzata insieme.

BILLIE WEISMAN per averci accolto a casa sua.

JESSICA KOSLOW per averci concesso del tempo e per la generosità che dimostra sempre.

JOEL CHEN, BIANCA CHEN e ANNA CARADEUC per la loro passione.

STEVE TURNER and ANTOINE CHOUSSAT per essere stati i primi a incoraggiarmi a parlare dei segreti di L.A.

JONATHAN GOLD per avere dato a tutti noi il desiderio di essere più curiosi.

Questo libro è nato grazie a:
Emilien Crespo, autore
Pia Riverola, fotografa
Clara Mari, illustratrice
Emmanuelle Willard Toulemonde, impaginazione
Carla Toffolo, correzione bozze
Valerio Ceva Grimaldi, rilettura
Laura Perreca, traduzione
Clémence Mathé, edizione

Scriveteci a contact@soul-of-cities.com
Seguiteci su Instagram all'indirizzo @soul_of_guides

Tutte le foto: Pia Riverola, tranne:
p. 14 - 16: Destroyer e Pia Riverola
p. 18 - 21: Fotos Pia Riverola - Frederick R. Weisman Art
Foundation, Los Angeles
p. 46: Julius Shulman © J. Paul Getty Trust. Getty Research
Institute, Los Angeles (2004.R.10)
p. 98 - 100: Wi Spa
p. 116 - 119: Night + Market

L'intervista di Jonathan Gold è stata pubblicata per la prima
volta dalla rivista «Purple» a settembre 2018
GRAZIE

© JONGLEZ 2020
Deposito legale: Febbraio 2020 - Edizione: 01
ISBN: 978-2-36195-422-2
Stampato in Slovacchia da Polygraf